KB184726

자꾸만
작아지는

나에게 꼭 필요한

단단한

마음 연습

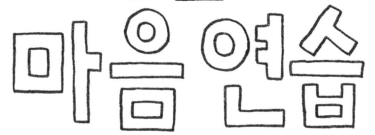

장인혜 글 · 김지하 그림

다락원

여러분은 식물을 길러 본 적이 있나요? 선생님은 집에서 여러 식물을 돌보고 있어요. 그리고 그것들을 가만히 바라보는 일을 아주 좋아해요. 그만큼이나 좋아하는 일이 선생님에게는 또 한 가지 있어요. 바로 학교에서 아이들을 가만히 그리고 자세히 바라보는 일이랍니다.

곰곰 생각해보니 식물과 아이들은 공통점이 있어요. 첫째, 모두 나름대로 온 힘을 다해 매일매일 자라고 있다는 거예요. 그리고 둘째, 각자의 속도로 부지런히 자라는 모습이 선생님에게 항상 감동을 준다는 것이죠.

식물들도, 아이들도 매일 볼 때는 비슷해 보여도 몇 달 전의 모습과 비교해 보면 놀라울 만큼 훌쩍 자라 있어요. 그 사실을 발견할 때면 언제나 선생님은 마음이 뭉클해져요. 그렇게 성장하는 동안 얼마나 안간힘을 썼을지 아니까요.

그런데 여러분! 자라나는 키만큼 여러분의 마음도 한 뼘씩 자라고 있다는 걸 알고 있나요? 마음은 거울에 비춰 볼 수 있는 게 아니라서 직접 느끼기 어려울지도 몰라요.

하지만 여러분을 사랑하는 사람들은 이미 다 느끼고 있답니다. '이렇게나 마음이 많이 자랐구나.' 하고요. 누군가를 사랑하면 그 사람을 더 자세히 관찰하게 되거든요. 그래서 선생님도 학교에 가면 아이들의 마음이 자란 걸 발견하는 재미에 푹 빠져 있어요. 그럴 수만 있다면 여러분의 마음이 쑥쑥 크고 있는 순간들을 깨끗이 말려서 주머니에 넣어 다니고 싶을 정도라니까요! 그만큼 오래오래 기억하고 싶은 순간이거든요.

하루는 '어떻게 하면 이런 소중한 순간들을 흩어지지 않게 잘 모아둘 수 있을까?' 고민하다가 그동안 아이들의 마음이 성장할 때마다 함께 나누었던 고민과 선생님이 들려줬던 이야기를 한 곳에 모아보기로 했어요. 이 책은 그렇게 해서 만들어졌답니다.

많은 친구들이 '어? 이거 나도 지금 하고 있는 고민인데?', '나도 예전에 가지고 있던 고민이야.'라며 책을 읽을 거 같아요. 그동안 내 마음이 왜 이런지, 그 마음을 어떻게 해야 할지 모를 때가 참 많았죠? 이제 이 책을 통해 답답했던 고민도 털어버리고 작은 위로도 받아 가길 바라요. 자꾸만 작아지던 마음을 단단한 마음으로 키워나가면서요.

장인혜

# 자존감은 무엇일까요?

　건강한 몸을 위해서 골고루 먹고 운동을 열심히 해야 하듯이 마음을 잘 자라게 하려면 나에게 필요한 아름다운 마음들을 찾아서 빛내려고 노력해야 해요. 우리가 빛낼 수 있는 아름다운 마음들은 정말 많아요. 용기 있게 도전하는 마음, 다른 사람을 배려하는 마음, 정직한 마음, 친절을 베푸는 마음 … (등등)

　그중에서 여러분의 삶에 탄탄한 밑거름이 되는 가장 중요한 마음이 하나 있어요. 그건 바로 **자존감**이랍니다. 여러분이 잘 알고 있듯이 자존감은 스스로를 존중하는 마음이에요. 조금 더 자세히 말하면 자존감은 나를 긍정적으로 바라보고, 스스로를 괜찮은 사람으로 여기는 마음이지요.

　그런데 무조건 '난 누구보다 멋져. 최고야! 난 대단해.'라고 생각하는 마음은 진짜 자존감이 아니에요. 왜냐하면 사람은 강점과 약점을 모두 가지고 있기 때문이에요.

　그러면 진짜 자존감은 무엇일까요? 선생님이 생각하는 진짜 자존감은 나를 있는 그대로 잘 바라보고 인정하는 마음이에요. 나의 강점은 무엇인지, 또 약점은 무엇인지 잘 아는 것이죠.

자존감이 높은 사람은 나에게 부족한 부분이 있더라도 있는 그대로 받아들이면서 '나는 이런 게 좀 부족하지만, 그래도 다른 부분에서는 꽤 괜찮은 사람이야.'라고 생각해요. 그러고는 내가 잘할 수 있는 것들을 찾아 성장하려고 노력하지요. 나에 대한 건 스스로가 제일 잘 아니까 남들이 이렇다 저렇다 말하는 평가에도 크게 휘둘리지 않아요. 그리고 자신이 행복할 수 있는 방법을 누구보다 잘 알고 있어서 더 자주 행복을 느끼기도 한답니다.

반대로 자존감이 낮은 사람은 나 자신을 제대로 들여다보지 않아서 스스로를 잘 알지 못해요. 그래서 다른 사람이 나에 대해 내리는 평가를 계속 신경 써요. '정말 내가 그런가?' 하고 말이에요. 자꾸만 눈치를 살피고요. 그럼 내가 진짜 원하는 것보다 다른 것에 더 집중하게 되니까 소중한 나 자신을 정성껏 돌보지 못하게 되겠죠?

자존감은 이렇게 삶에 많은 영향을 주는 중요한 마음이에요. 세찬 비바람에도 단단한 뿌리 덕분에 나무가 끄떡없는 것처럼 단단한 자존감은 내 삶을 튼튼하게 지탱해요. 그래서 우리는 어렸을 때부터 자존감을 잘 길러 나가야 해요.

그럼 지금부터 이 책에 담긴 고민들을 살펴보고, '어떻게 생각하고 행동해야 나를 아끼고, 튼튼한 관계를 맺을 수 있을까?'에 대한 해답을 함께 찾아볼까요? 그렇게 조금씩 나를 위한 자존감을 키워 보는 거예요!

# 등장인물 소개

**열음**

조용하고
섬세한 완벽주의자

**다올**

재치 있고 유머러스한
분위기 메이커

**바다**

정이 많고 친구를 좋아하는
사랑둥이

**재이**

신중하고 맡은 일에
최선을 다하는 반장

**한결**

상상력과 관찰력이 뛰어난
호기심쟁이

**해솔**

웃을 때 환하게 빛나는
귀염둥이

보늬

열정과 예술적 끼가 넘치는
아이돌 연습생

은찬

쾌활하고 명랑한
인간 비타민

마루

차분하고 생각이 깊은 모범생

연두

감수성이 풍부한
자유로운 영혼

하담

낯을 가리지만 친구에게
관심이 많은 전학생

로이

시원시원한 성격이 매력적인
행동 대장

## 차례

**1장** 나를 아끼는 **다정한 마음**

## 2장 관계 속에서도 빛나는 마음

# 1장

## 나를 아끼는
## 다정한 마음

# 친구들 앞에서 실수할까 봐
# 걱정되고 무서워요.

# 오늘의 고민

친구들 앞에만 서면 긴장돼요.

다 보는 앞에서 실수할까 봐 걱정도 되고요.

떨리는 마음 때문에 실제로 실수한 적도 꽤 있어요.


무엇이든 완벽하게 잘 해내고 싶은데

왜 자꾸 실수하는 상황이 생길까요?

자꾸 실수하는 나 자신에게 화도 나요.

# 실수는 누구나 할 수 있어.

　우리가 갓난아기였을 때 처음부터 바로 걸을 수 있었을까? 아니, 우리는 수천 번 넘어지고 엉덩방아를 찧으면서 스스로 걷게 되었어. 누구든 태어난 순간부터 실수를 통해 배우고 성장하지.

　사람은 기계가 아니라서 매번 실수 없이 완벽하게 일을 해내기도 어려워. 더군다나 처음 하는 게 많은 어린이는 어른보다 실수를 더 많이 할 수밖에 없어.

　사실 너무 잘하고 싶었던 순간에 실수하게 되면 실수를 탓하면서 스스로 원망할지도 몰라. 하지만 그럴 필요는 없어. 실수 때문에 기분이 상한 채로 있기보다는 나의 실수를 인정하고 다음에 실수 없이 더 잘 해내는 모습을 상상해 봐. 그리고 똑같은 실수를 하지 않도록 더 꼼꼼히 보고, 열심히 연습하는 거지. 그럼 실수는 실패가 아니라 나를 발전시키는 디딤돌이 될 거야.

　모든 건 생각하기 나름이야. 실수한 상황을 부정적으로만 받아들이면 내 기분만 안 좋아져. 반대로 실수한 상황을 이겨내고 성장한다면 오히려 더 좋은 경험으로 남을 거야. 실수는 우리에게 꼭 필요하고 중요한 거거든.

자꾸 완벽하게 해내야 한다는 생각만 하면 실수하던 모습과 나의 단점만 생각나서 스스로가 미워질지 몰라. 그래서 다른 것을 도전할 때도 두려움이 앞서게 돼.

이제부터는 실수 없이 완벽하게 해야 한다는 생각을 버리고, 마음을 편하게 가져 봐. 실수해도 된다고 마음먹으면 도전하지 못할 게 없어. 실수해도 좋으니까 이것도 해 보고 저것도 해 보고 세상의 재미난 것들을 다양하게 경험해 보자.

실수해도 괜찮아.
꼭 완벽하게 할 필요 없어.

# 나보다 친구가 더 잘난 것 같아서
## 자꾸 질투가 나요.

아, 이거 어떻게 풀더라…?

끄적        끄적

보늬야, 혹시 숙제 다 했어?

우리 이거 좀 알려주라!

응, 그래!

흐음, 보늬는 수학 잘하나 보네….

맞다! 보늬, 너 댄스 대회에서 1등 했다면서?

진짜? 축하해!

고마워~

보늬는 공부도 잘하고 춤도 잘 추고, 못하는 게 뭐지? 흥! 질투 나.

## 오늘의 고민

나보다 무언가 잘하는 친구를 보면 부러워요.

특히 내가 잘 해내고 싶었던 걸 친구가 잘하면

괜히 짜증이 나고 친구가 얄미워 보이기도 해요.


이런 마음은 못된 마음일까요?

친구를 미워하고 싶지 않은데

나도 모르게 자꾸 이런 마음이 들어요.

# 이네 선생님의 고민 상담소

# 질투는 자연스러운 마음이야.

나보다 잘하는 사람을 보고 질투를 느끼는 건 자연스러운 일이야. 어른들도 그래. 그런데 이 질투심을 계속 마음에 품고 있으면 먹구름이 낀 날씨처럼 마음이 우중충해져.

보통 질투심은 상대방과의 비교에서 생겨나는 마음이야. 하지만 우리는 누가 누가 더 잘하나 비교하고 또 비교 당하려고 태어난 게 아니야. 그러니까 괜히 친구와 자신을 비교하면서 질투하고 기분 나빠할 필요 없어.

사람은 저마다 가진 재능이 있어. 그게 수학 문제를 잘 푸는 것일 수도 있고, 춤을 잘 추는 것일 수도 있고, 기계를 뚝딱 조립하는 것일 수도 있고, 재치로 사람들을 웃게 하는 것일 수도 있지.

지금 당장 특별한 재능이 없어도 괜찮아. 아직 재능을 못 찾았을 수도 있거든. 그리고 진짜로 특별한 재능이 없다고 해도 걱정 안 해도 돼. 우리한테는 더 강력한 무기가 있으니까. 강력한 무기가 뭐냐고? 그건 바로 **연습**이야.

연습하고 노력하는 게 얼마나 나를 성장시키는지 알고 있지? 내가 잘하고 싶은 걸 친구가 더 잘한다 해도 나를 한심하게 여기지 마. 그냥 사람마다 습득하는 속도가 다를 뿐이야. 나도 천천히 연습하면 돼.

이제 느꼈겠지만, 질투심이 나쁘기만 한 건 아니야. 질투심은 내가 무엇을 더 잘하고 싶다는 생각이 들게 해. 그래서 적절한 질투심은 우리한테 좋은 영향을 끼치지. 만약 친구의 어떤 점이 부러워진다면 그 친구를 미워하지 말고 친구가 했을 노력을 생각해 봐. 그러면 친구에게 배울 점을 찾게 되고, 또 내가 어떤 노력을 해야 할지 알게 될 거야. 이건 엄청난 행운이지!

**이렇게 생각해!**

Ⓐ 잘하는 친구를 보니까 나도 더 잘하고 싶어지네. 열심히 연습해야지!

Ⓑ 왜 보니만 다 잘하는 거야. 짜증 나! 얄미워 죽겠어.

**자존감 한마디**

누구보다 잘하고 못하고는 중요치 않아.
내가 노력하고 있다는 사실이 더 중요해.

# 짜증나고 슬프고 우울할 때는
# 어떻게 해야 할지 모르겠어요.

# 오늘의 고민

가끔 짜증 나고 슬프고 우울한 날들이 있어요.

그럴 때는 어떻게 해야 할지 모르겠어요.

기분이 안 좋으면 온종일 툴툴거리게 되고

아무것도 하고 싶지 않아요.


부정적인 감정이 들 때는 무엇을 해야 할까요?

즐겁고 행복한 기분만 느낄 수는 없는 걸까요?

# 부정적인 기분에서 벗어나는
# 나만의 방법을 찾아보자.

우리의 기분은 행동으로 이어질 때가 많아. 기분이 좋으면 하기 싫었던 일도 가뿐하게 해낼 수 있지만, 기분이 나쁘면 평소에 잘하던 것도 하기 싫어져.

아까와 같은 상황에서도 마찬가지야. 연두가 아침부터 기분이 좋지 않아서 친구의 실수에 쉽게 화를 내 버렸잖아. 만약 기분이 좋았다면 어땠을까? 아마 반응이 달랐을 거야.

물론 화가 나고, 우울하고, 슬픈 감정은 모두 우리에게 필요한 감정이야. 하지만 부정적인 감정을 오래 가지고 있으면 좋지 않아. 부정적인 기분이 나의 행동으로 이어져서 의도치 않게 상대방과 사이가 나빠질 수도 있거든.

그러니까 나쁜 기분이 들 때는 그 기분에서 벗어나도록 노력해 볼까?

선생님은 부정적인 기분에서 빨리 빠져나오기 위해 주문을 외우곤 해. 우울한 기분이 들 때면 마음속으로 '이 기분은 3분만 지나면 사라진다.' 말한 다음, 진짜 3분이 지나면 딱 잊어버리고 다른 일에 몰두하지. 그럼 정말 우울했던 기분이 서서히 사라지고, 금세 다른 사람이 된 것처럼 느껴져.

나쁜 기분에서 벗어나는 나만의 방법을 한번 찾아봐. 음악을 듣거나 영화를 보거나 밖으로 나가서 상쾌한 공기를 마시며 걸어 보는 건 어때? 눈을 감고 심호흡하는 것도 좋고, 맛있는 걸 먹는 것도 좋아. 내가 좋아하는 것들을 맘껏 활용하는 거지.

앞으로 예기치 못한 나쁜 일이 생겨도 부정적인 기분에 계속 얽매이지 마. 차분한 마음으로 감정을 정리하다 보면 분명 또 기분 좋은 일이 생길 테니까.

이렇게 생각해!

Ⓐ 뭐 하는 거야, 진짜! 아, 다 짜증나!

✓ Ⓑ 계속 기분 나쁘게 있으면 나만 손해야. 기분도, 표정도 산뜻하게 바꿔 봐야지!

자존감 한마디

항상 좋은 일만 생길 수는 없어.
하지만 기분은 우리 스스로 정할 수 있지!

# 4

# 무언가 도전했다가 실패할까 봐
## 머뭇거리게 돼요.

## 오늘의 고민

새로운 것에 도전하고 싶지만

자꾸 머뭇거리게 돼요.

"내가 잘할 수 있을까?"

두려움이 느껴지기도 하고요.


고민 없이 무엇이든 도전하고 싶은데

실패할까 봐 시작도 못 하겠어요.

# 아무 생각 하지 말고
# 그냥 한번 해 보는 거야.

잠깐! 막연한 두려움 때문에 도전을 포기하지는 마. 일단 아무 생각 하지 말고 해 보는 거야. 대충이라도 괜찮아. 실패해도 괜찮고. 아무것도 안 하고 후회하는 것보다 훨씬 나을지 몰라.

우리는 살면서 무언가에 도전함으로써 아주 중요한 힘들을 기를 수 있어. 그건 바로 **용기**와 **경험치**야.

수영을 예로 들어 볼까? 비록 물을 무서워하지만, 포기히지 않고 수영을 배운다면 용기를 얻을 수 있어. 이 용기는 훗날 또 다른 것에 도전할 때도 쉽게 시작할 수 있도록 힘을 불어넣어 주지. 그리고 수영을 배운 경험은 내 생활을 다채롭게 만들어 줄 거야. 수영에 대한 경험치 덕분에 마음 편하게 친구들이랑 수영장을 가거나 가족들과 바다 여행을 즐길 수 있으니까.

이처럼 도전으로 얻은 용기와 경험치는 내가 어떤 일을 할 때 크고 작은 도움을 줘. 그러니까 시작부터 완벽하게 성공할 생각만 하지 말고, 너무 잘하려고 애쓰지도 말고, 그저 나의 용기와 경험치의 레벨을 올린다고 생각해 봐. 경험과 도전 자체를 즐기는 거지!

그래도 아직 실패할까 봐 무섭다고? 아니야, 완벽한 성공에 실패하더라도 배움은 있어. 물에 뜨지 못해도 벽을 잡고 물장구치는 법을 터득했다면 분명 처음보다 조금은 성장한 거잖아. 나중에 다시 도전하면 또 더 성장할 테고. 그렇게 조금씩 성공이 내 앞으로 다가올 거야.

자, 오늘부터 용기의 주문을 외쳐 봐. "그냥 해 보자. 못 할 것도 없지, 뭐!" 이렇게 말이야. 그럼 마음속에 남아 있던 걱정과 두려움이 점점 사라질 거야.

이렇게 생각해!

Ⓐ 일단 한번 해 보지 뭐! 물과 친해지는 것만으로도 나한테 좋은 경험이 될 거야.

Ⓑ 어차피 난 물도 무서워하고, 수영을 배워도 잘 못할 거야….

자존감 한마디

**실패하면 어때, 실패했다는 건 도전했다는 증거인걸!
도전하고 경험했다는 사실만으로도 충분해.**

# 저만 꿈이 없는 것 같아요.
# 꿈이 꼭 있어야 할까요?

우와~ 예쁘다!

집에서 연습했어~
내 꿈이 헤어
디자이너거든.

우와, 나는
아이돌이 꿈인데.
나중에 열음이한테
머리 부탁해야지~

다올이는 꿈이 뭐야?

나? 글쎄…?

다들 벌써 꿈이 있는 거야?
어떻게?

# 오늘의 고민

누가 꿈이 뭐냐고 물어보면

어떻게 대답해야 할지 모르겠어요.

친구들은 꿈이 있지만

저는 아직 꿈이 없거든요.


꿈은 어떻게 만드는 걸까요?

아니, 꼭 꿈이 있어야 할까요?

이네 선생님의
고민 상담소

# 나 자신을 깊이 있게 탐구해 보자.

꿈이 없어도 괜찮아. 어쩌면 꿈이 없는 게 당연할지도 모르지. 아이들은 아직 경험하지 못한 게 더 많으니까.

그런데 혹시 지금 꿈을 정하고 싶어? 하지만 그 전에 해야 할 일이 있어. 바로 **이것저것 많이 경험해 보기**와 **나에 대해 탐구하기**야.

우선 '이것저것 많이 경험해 보기'가 필요한 이유는 선택의 폭을 넓힐 수 있기 때문이야. 다양한 경험을 통해서 내가 어떤 일을 잘하고, 어떤 분야에 관심이 있는지 알 수 있거든. 그러면 많은 일 중에서 내가 하고 싶은 일을 수월하게 선택할 수 있을 거야.

그런데 이보다 중요한 건 '나에 대해 탐구하기'야. 내 꿈을 고민할 때는 내가 어떤 사람인지부터 잘 알아야 해. 그래야 내가 선택한 꿈이 진정 나를 위한 일이 될 수 있으니까.

내가 어떤 걸 좋아하고, 무엇을 할 때 행복한지, 또 어떤 방식으로 살아갈 때 만족감을 느끼는지 생각해 봐. 그러면 자연스럽게 내 꿈에 한 발짝 다가

갈 수 있을 거야. 만약 그게 어렵다면 선생님은 일기 쓰기를 추천해. 일기는 다양한 경험을 한 뒤에 쓰는 글이라서 일기를 쓰는 동안 내가 어떤 사람인지 생각해 볼 수 있거든. 그리고 내가 좋아하는 것과 추구하는 가치관을 기록하고, 그것에 대해 좀 더 깊이 생각해 볼 수도 있어.

사실 꿈은 한 가지가 아니어도 되고, 꼭 어떤 직업일 필요도 없어. 게다가 꿈은 어른이 되어서도 계속 생겨나고 바뀔 수 있어. 그러니까 지금부터 꿈에 대해 아주 천천히, 편안하게 생각해도 좋아. 다만 꿈을 위해 잊지 말아야 할 건, 끊임없이 스스로를 탐구해 나가야 한다는 사실이야.

이렇게 생각해!

Ⓐ 나만 꿈이 없어. 친구들 따라 정할까? 아니면 부모님이 추천하는 직업으로?

Ⓑ 나는 생각을 그림으로 표현하는 걸 좋아해. 그림 그리는 일을 계속해 볼까?

자존감 한마디

누구나 좋아하고 잘하는 일이 있어.
그건 내가 제일 잘 알 수 있지!

# 거울을 보기가 싫어요.
## 제가 못생겨 보이거든요.

보니 이제 연습생이래!

연습생…! 역시 예쁘니까….

우와, 예쁘다…!

진짜 예쁘다…. 세상에 예쁜 사람이 엄청 많네.

에휴, 나는 왜 이렇게 못생긴 거야. 눈도 작고, 코도 낮고… 보기 싫어.

# 오늘의 고민

저도 연예인처럼 날씬하고 예뻐지고 싶어요.

거울에 비친 제 모습은 왜 이렇게 마음에 안 들까요?

심지어 며칠 전에는 친구들이 제 외모를 놀려서

너무 속상하고 슬펐어요.

어떻게 하면 저도 예뻐질 수 있죠?

# 외모만으로 나를 다 설명할 수 없어.

우리는 보통 외모만 보고 사람을 판단하지 않아. 친절한 말투나 환히 웃는 표정, 밝은 인사성, 예의 바른 태도 등 다양한 것을 함께 보곤 해.

사람은 누구나 자기만의 매력을 가지고 있어. 나의 매력은 무엇인지 잘 생각해 봐. 잘 웃는 것, 잘 먹는 것, 잘 노는 것도 매력이 될 수 있고, 개성 있는 목소리와 성실한 태도도 매력이 될 수 있어.

선생님이 방금 말한 걸 다시 곱씹어 볼래? 우리가 가진 매력이 꼭 외모에서 오는 게 아니라는 걸 알겠지? 그리고 매력은 노력해서 만들 수 있는 것도 아주 많아. 누군가의 실수를 이해해 주는 넓은 마음, 조심성 있는 차분한 행동, 비밀을 지켜 주는 믿음직한 태도, 친구의 말을 언제나 귀 기울여 듣는 자세처럼 말이야.

아주 가끔은 친구들이랑 외모 이야기를 할 때가 있을 거야. 하지만 단순히 '예쁘다, 안 예쁘다', '날씬하다, 뚱뚱하다', '키가 크다, 키가 작다' 등의 기준으로 나와 다른 사람을 평가하지는 마. 우리는 모두 이 세상에서 딱 하나뿐인 소중한 사람이고, 외모 하나만으로 평가받을 수 없다는 걸 기억해야 해.

만약 다른 친구들이 외모로 놀려도 신경 쓰지 않아도 돼. 겉으로 보이는 것만으로 남을 평가하는 무례한 말이니까. 그들은 아직 진정한 내 매력을 보지 못했을 뿐이야. 그러니까 다른 사람의 말에 기죽지 말고, 스스로 나를 깎아내지도 말자.

거울 앞에 서서 당당하게 어깨를 펴고 활짝 웃어 봐. 웃는 모습이 너무 멋지지 않아? 거울 속 환한 미소만큼이나 넌 사랑스러워. 언제 어디서나 네가 소중한 존재라는 사실 하나는 절대 잊지 마.

너는 지금도 충분히 괜찮아.
그리고 세상에서 딱 하나뿐인 소중한 존재지.

# 노력했지만 달라지는 게 없어요.
## 이번에도 안 될 것 같아요.

## 오늘의 고민

늘 노력하고 최선을 다하면 발전할 수 있대요.

그런데 저는 열심히 노력해도 결과가 좋지 않았어요.


저는 왜 발전하지 않는 걸까요?


애쓴 만큼 바로 결과가 나오지 않으니까

어차피 노력해도 안 될 거라는 생각이 자꾸 들어요.

# 늘 결과가 좋아야 발전하는 건 아니야.

자, 열심히 공부해서 한 달에 한 번씩, 총 다섯 번의 영어 시험을 친다고
생각해 보자. 아래 세 가지 경우에서 어떤 것이 발전한 모습일까?

① 50점 ➡ 70점 ➡ 80점 ➡ 90점 ➡ 100점

② 50점 ➡ 60점 ➡ 40점 ➡ 70점 ➡ 80점

③ 70점 ➡ 50점 ➡ 30점 ➡ 90점 ➡ 90점

혹시 1번을 골랐어? 아마 1번이 발전한 모습이라 생각하기 쉬울 거야.

그런데 1번만 정답이 아니야. 열심히 공부하고 최선을 다했다면 1번, 2번,
3번 모두 발전한 모습이라고 할 수 있어. 비록 성장하는 과정에서 흔들림
이 있었지만, 2번과 3번 역시 천천히 자신만의 속도로 성장했으니까.

줄넘기 실력도 마찬가지야. 체육 시간에는 잘 못했어도, 연습하는 동안
터득한 요령은 분명 나중에 좋은 결과를 내는 데 도움을 줄 거야.

지금 당장 눈에 보이는 결과만으로 나의 가능성을 판단하지 않았으면 좋겠어. 원래 처음부터 완벽하게 해내는 사람은 잘 없잖아. 어떤 날은 잘할 때도 있고, 어떤 날은 못할 때도 있겠지. 그런 하루하루들이 모여서 결국 나를 발전시키는 거야.

그러니까 계속해서 꾸준히 노력해 보자. 언젠가 한 단계 더 성장한 나를 만나게 될 거야. 열심히 노력하다가 지칠 때는, 미래에 훨씬 더 나아진 모습으로 웃고 있을 나를 기대해 봐. 나중에는 이렇게 말할지도 몰라. "그때 포기하지 않고, 그냥 계속해 보길 참 잘했어."라고!

이렇게 생각해!

Ⓐ 계속 연습하니까 내가 왜 실수했는지 알겠어! 다음엔 더 잘할 수 있을 거야.

Ⓑ 어차피 연습해도 실력은 늘지도 않고. 아무것도 하기 싫어져.

자존감 한마디

**노력한 만큼 우리는 매일매일 발전하고 있어.**
**조금씩 더 나아질 내 모습을 상상해 봐.**

# 남한테 지는 게 싫어요.
## 이기지 못하면 화도 나고요.

# 오늘의 고민

저는 무슨 게임을 하든 누구보다 잘하고 싶고

1등까지 하고 싶어요.

그래서 남한테 지면 너무 화가 나요.


제가 승패에 너무 예민한 걸까요?

하지만 마음대로 안 되면

짜증이 나는 걸 어쩔 수 없어요.

# 반드시 이겨야만 기쁜 게 아니야.

  게임에서 지는 걸 싫어하고, 이기는 걸 좋아하는 마음은 자연스러운 감정이야. 그런데 이기는 것에만 집착하게 된다면 다른 소중하고 중요한 것들은 놓치게 될 수도 있어.

  이기는 것만큼 소중하고 중요한 건 뭘까? 그건 바로 나의 즐거운 마음, 다른 사람과 함께하는 행복한 분위기 같은 것들이야.

  예측 불가능한 순간의 **짜릿함**, 환호성이 나올 정도로 흥분되는 순간의 **기쁨**, 게임에서 이긴 후 친구에게 축하 받을 때의 **뿌듯함**, 게임에서 지더라도 이긴 친구를 멋지게 축하할 수 있는 **다정함**, '다음에는 나도 잘해 봐야지!'라고 생각하며 다음을 기대하는 **셀렘**, 친구들과 함께 시간을 보내며 돈독해지는 **우정**. 이처럼 게임을 하는 동안에는 많은 감정들을 느끼고 배울수 있어. 이것들은 이기고 지는 결과보다 훨씬 값진 것들이지.

  그러니까 게임을 하든, 달리기 시합을 하든 1등을 하지 못했다고 너무 속상해 하지 마. 친구와 함께하는 순간 자체의 행복에 초점을 맞추고 맘껏 즐겨 보는 거야. 그 과정을 즐긴 것만으로도 대단한 거니까!

만약 강한 승부욕 때문에 버럭 화가 날 것 같다면 천천히 심호흡을 해봐. 눈을 감고 호흡에만 집중한 채 폐에 공기를 가득 넣었다 뱉는 거지. 그럼 어느새 폭발하려던 감정이 차분히 가라앉는 순간이 올 거야.

그리고 마음속으로 "이럴 때도 있는 거지!" 하고 되뇌어 봐. 매번 이기면 좋겠지만, 사실 그러긴 쉽지 않아. 질 때도 있는 게 당연해. 이기지 않아도 게임을 하는 동안 친구들과 재미있고 즐거운 순간들이 있었잖아? 그 과정을 있는 그대로 즐기고 최선을 다한다면 언젠가 좋은 결과도 따라올 거야.

이렇게 생각해!

Ⓐ 내가 이길 수 있었는데… 짜증 나. 무조건 내가 이겼어야 하는데!

Ⓑ 처음 한 거라 쉽지 않네. 그래도 재밌었어. 다음에 또 친구랑 같이 해야지!

자존감 한마디

**마음을 차분히 가라앉혀 봐.**
**꼭 1등 하지 않아도 보람과 즐거움을 느낄 수 있어.**

# SNS를 보면 저랑 다르게
## 다들 행복해 보여요.

# 오늘의 고민

저의 소소한 취미는 SNS를 구경하는 거예요.

그런데 친구들의 SNS를 보면 볼수록

친구들과 저를 비교하게 되더라고요.

자꾸 기분도 우울해지고요.


다들 재밌고 알찬 하루를 보내는데

저만 지루하게 지내는 것 같아서 슬퍼요.

# SNS에 보이는 게 전부가 아니야.

요즘 많은 친구들이 SNS로 자신의 일상을 공유하고, 실시간으로 소통하곤 해. 이런 점에서 SNS는 좋은 역할을 한다고 볼 수 있어. 하지만 분명 SNS에는 위험한 점도 존재해. 바로 우리에게 **상대적 박탈감**을 느끼게 한다는 점이야.

우리는 손가락만 움직이면 SNS를 통해 다른 사람들의 삶을 쉽게 들여다볼 수 있게 됐어. 어디로 여행을 갔는지, 주말에 누구랑 무엇을 하고 놀았는지, 어떤 음식점에 갔는지 등등 일상의 사소한 것들을 쉽게 알 수 있지. 그런데 친구들의 행복한 일상들을 계속 보다 보면 나도 모르게 나의 것들과 비교하게 돼. 나랑 다르게 SNS 속 친구들은 항상 행복하고 재밌는 일상을 보내는 것처럼 보이니까 상대적으로 내가 초라하게 느껴지는 거야.

하지만 이런 생각은 잘못됐어. 사람들은 보통 SNS에 즐겁고 행복한 사진만 올리는 경우가 많거든. 다른 사람들 역시 매일매일을 특별하게 보낼 수는 없어. 우리의 삶은 대부분 소소하고 평범한 것들로 채워지니까. 그러니

다른 사람의 특별한 순간을 나의 평범한 일상과 비교하지 않아도 돼.

평범한 일상은 생각보다 귀하고 소중해. 나만의 방식대로 소소하게 하루를 잘 보냈다면 그게 얼마나 기특하고 멋진 일이야! 누구랑 비교하지 말고 그저 나의 일상, 나의 행복에만 집중해 봐.

만약에 친구들의 일상을 구경하다가 나도 모르게 비교하는 마음이 든다면 잠시 SNS를 멈추어도 좋아. 그 대신 요리를 하고, 청소를 하고, 노래를 듣고, 게임을 하는 것처럼 나를 위한 시간을 보내 보자. 그럼 누구와 비교하지 않고 나에게 집중하며 편안함과 즐거움을 느낄 수 있을 거야.

이렇게 생각해!

Ⓐ 심심한데 SNS 구경이나 할까? 우와… 다들 좋은 곳에 다녀왔네….

Ⓑ 심심한데 뭘 하지? 아! 창문부터 열고 노래 들어야겠다! 내가 제일 좋아하는 일~

자존감 한마디

**다른 사람보다는 나에게 집중해 봐.**
**소소하고 평범한 하루도 충분히 의미가 있어.**

# 게임에 빠져서
## 자꾸만 할 일을 미루게 돼요.

# 오늘의 고민

해야 할 일이 있는 걸 알면서도

한번 게임을 시작하면 멈출 수가 없어요.


그렇게 할 일들을 계속 미루다가

결국은 벼락치기로 끝내곤 해요.


어떻게 하면 습관을 바꿀 수 있을까요?

# 해야 할 일의 우선순위를 정해 봐.

잠깐의 즐거움을 위해 해야 할 일들을 미루다 보면 나중에 후회가 밀려올 수 있어. 밤늦게 밀린 숙제를 하면서 과거의 나를 탓하고, 또 스스로 한심하다고 느낄 수도 있지. 물론 게임을 절대 해서는 안 된다는 건 아니야. 여가용, 스트레스 해소용으로 잠깐 게임하는 건 좋아. 다만 게임에 너무 빠져서 해야 할 일들을 미루는 것은 잘못됐다고 말해 주고 싶어.

게임을 하기 위해 중요한 일을 자꾸 미룬다면 그 행동이 나쁜 습관으로 자리 잡힐지도 몰라. 몸은 재미난 일들을 하면서 머릿속으로는 해야 할 일들을 떠올려서 괴롭기도 할 테고. 이런 행동은 결국 나에게 스트레스를 주니까 좋지 않아. 그러니까 이참에 마음먹은 대로 미루는 습관을 고쳐 보자. 나를 위해서 말이야.

우선 집에 돌아오면 스마트폰부터 켜는 게 아니라 내가 해야 할 일들을 종이에 정리해서 적어 보자. 오늘 꼭 해야 하는 일, 중요한 일을 순서대로 기록하는 거야. 그리고 그 일들을 하나씩 미션처럼 해결하는 거지. 그런 다음에 마음 편히 게임을 즐기면 어때? 평소에 30분이 걸리던 숙제도 하고 싶은 일 때문에 15분 만에 끝낼지도 몰라. 해야 할 것들을 다 하고 나서 여유 시간을 가지면 그 시간이 더 달콤하게 느껴질 거야. 마음도 불안하지 않을 테고.

일단 잘못된 습관을 고치겠다고 마음을 먹은 게 대단해. 나쁜 습관을 바꾸고 싶다고 생각한 것부터가 변화의 시작이니까. 너를 믿고, 마음먹은 대로 조금씩 행동을 바꾸어 나가도록 노력해 봐. 그러면 게임보다 더 소중하고 중요한 것들도 놓치지 않고 지킬 수 있을 거야.

이렇게 생각해!

Ⓐ 제일 중요한 일부터 먼저 하고, 나중에 맘 편히 게임해야지!

Ⓑ 몰라, 몰라. 미래의 내가 할 거야! 조금 미룬다고 큰일 안 나겠지~

자존감 한마디

차근차근 올바른 생활 습관을 길러 보자.
그 습관이 나를 더 책임감 있게 만들어 줄 거야.

2장

관계 속에서도

빛나는 마음

# 저는 여러 친구와 잘 지내지만
## 단짝 친구는 없어요.

다올이는 학교에서 제일 친한 친구가 누구야?

음... 그냥 다 친해요!

그래도 그중에서 단짝 친구가 있지 않아?

단짝 친구요...?

전 단짝 친구는 없고... 여러 친구랑 다 잘 지내는 것 같아요.

# 오늘의 고민

단짝 친구가 없다는 제 말에

엄마는 어쩐지 걱정스러운 표정을 지어요.


그러고 보니 반 친구들은 다 단짝 친구가 있는 것 같아요.

다들 항상 같이 붙어 다니는 친구가 있거든요.


저도 단짝 친구를 만들어야 할까요?

# 단짝 친구가 꼭 있어야 하는 건 아니야.

사람들은 생김새가 다른 것처럼 성향도 제각각 달라. 그래서 삶을 살아가는 방식도 모두 다르지. 친구와의 관계에서도 마찬가지야.

혼자 있는 걸 편하게 느끼는 사람이 있는 반면에, 친한 친구와 단둘이서 함께하는 걸 좋아하는 사람이 있어. 또 여러 사람과 두루두루 어울리는 걸 즐기는 사람도 있고.

그러니까 남들의 시선 때문에 꼭 단짝 친구를 만들 필요는 없어. 친구 관계를 폭넓게 맺는 성향이라면, 억지로 단짝 친구를 만들려고 자신을 억누르고 눈치를 보는 게 더 힘들 거야.

혹시 남들의 시선 때문이 아니라, 정말로 단짝 친구를 만들고 싶어졌어? 그럼 우선은 지금처럼 여러 친구랑 잘 지내 봐. 학교에 있는 친구들과 여러 가지를 함께 해 보면서 어떤 친구가 나랑 잘 맞는지 알아가는 거지. 친구들의 성격과 성향을 관찰하는 일은 꽤 재밌고 근사한 경험이 될 거야. 그 경험을 통해 나랑 정말 잘 통하는 친구를 자연스럽게 찾을 수도 있을 거고.

나중에는 비밀을 속 시원히 터놓을 수 있고, 고민도 나눌 수 있는 단짝 친구가 생길지도 몰라.

그런데 나이가 같아야만 둘도 없는 단짝 친구가 되는 건 아니야. 마음을 나누고, 서로 믿음을 주고, 삶에 큰 위안을 주고, 든든하게 곁을 내어 준다면 누구든 단짝 친구가 될 수 있어. 한번 내 주변을 둘러봐. 사랑하는 가족, 자상한 선생님, 귀여운 강아지처럼 곁에는 이미 든든한 단짝 친구가 있을 거야. 그러니까 지금 당장 학교에 단짝 친구가 없다고 너무 걱정하지는 마.

이렇게 생각해!

Ⓐ 난 여러 명이랑 잘 지내는 게 좋아! 당장 단짝 친구를 만들려고 부담 갖지 않을래.

Ⓑ 나는 단짝 친구가 없는데. 혹시 나만 친구 관계가 안 좋은 걸까?

자존감 한마디

네가 원하는 대로 해.
단짝 친구가 몇 명인지보다는
성향에 맞게 친구 관계를 맺는 일이 더 중요해.

# 같은 반 친구면
# 다 친하게 지내야 하나요?

그게 아니라, 이렇게 해야지!

아냐. 내 방법이 맞아.

같은 반 친구끼리 왜 그래~ 싸우지 마.

흠  칫

맞아. 같은 반 친구끼리 친하게 지내야지! 얼른 화해해.

아무래도 연두는 나랑 안 맞는 거 같아. 같은 반인데 앞으로 어떡하지….

# 오늘의 고민

저랑 정말 안 맞는 친구가 있어요.

그래도 같은 반이니까 친하게 지내려 했는데

자꾸만 부딪히고 스트레스 받아요.

같은 반인 친구와는 무조건 사이좋게 지내야 할까요?

저는 마음이 잘 맞는 친구랑만 친하게 지내고 싶어요.

이런 제 생각이 잘못된 걸까요?

# 모두와 친하게 지낼 필요는 없어.

　아마 '같은 반 친구끼리 사이좋게 지내야지.'라는 말을 많이 들었을 거야.
물론 그럴 수 있다면 참 좋겠지만, 사실 반 친구 모두와 친하게 지내는 건
쉽지 않은 일이야.

　나랑 성격이 잘 맞는 친구가 있는 반면에, 잘 맞지 않는 친구가 있을 수
있거든. 아무 이유 없이 더 마음이 가는 친구도 있지만, 왠지 모르게 어색
하고 불편한 친구도 있을 테고.

　그런데 단순히 같은 반이라는 이유로 잘 맞지 않는 친구와 매일 이야기
하고 친하게 지내야 할까? 억지로 그렇게 지내다 보면 서로 스트레스만 받
을 거야.

　잘 맞지 않거나 어색하고 불편한 친구와는 친한 친구 말고 그냥 지인으
로 지내도 괜찮아. 지인이란 '아는 사람'을 뜻하는 말인데, 친하지 않지만
그냥 같은 반 친구 정도의 사이로 지내는 거지.

　하지만 친하지 않다는 이유로 그 사람의 말을 무시하거나 눈을 흘기고

시비를 거는 행동은 옳지 않아. 나랑 잘 안 맞다고 해서 그 사람을 싫어하는 티를 내거나 불쾌감을 주는 것도 안 돼. 친한 사이가 아니라도 서로 간의 예의는 꼭 지켜야 하거든. 같은 공간에서 생활하고, 대화도 나누는 사이이기 때문에 기본적인 예의는 필수야.

무조건 모두와 친해져야 한다는 부담감은 가지지 않아도 되지만, 상대에게 기본적인 예의와 존중의 마음을 가져야 한다는 사실은 절대로 잊지 말자.

그리고 지금은 친하지 않아도 어느 날 특별한 계기로 갑자기 가까워지고 친해지는 친구가 생길지도 몰라. 친구 사이는 정말 모르는 거거든!

이렇게 생각해!

Ⓐ 연두랑은 정말 안 맞아. 그래도 같은 반이니까 무조건 친하게 지내야겠지?

Ⓑ 연두랑 나는 성격이 많이 달라. 반에서 불편하지 않을 정도로 지내는 게 좋겠어.

자존감 한마디

**모두와 친해야 한다는 부담을 갖지 마.**
**서로 존중하는 것만으로도 충분해.**

# 전학을 와서 친구가 없어요.
## 친구를 만들려면 어떻게 해야 할까요?

 오늘의 고민

최근에 전학을 왔는데

아직 친한 친구를 사귀지 못했어요.

그러다 보니 혼자 있을 때가 많아서

쉬는 시간이나 점심시간만 되면 외로워져요.

어떻게 하면 친구들과 자연스럽게 친해질 수 있을까요?

# 내가 먼저 한 발짝 다가가 보자.

낯선 곳에서 새로운 친구를 사귄다는 건 쉬운 일이 아니야. 어쩌면 아직 혼자인 게 당연해. 누구든 낯선 환경을 만났을 때 탐색하고 적응할 시간이 필요하거든.

그러니까 아직 친구를 사귀지 못했다고 해서 내 성격을 탓하거나 그 상황을 부정적으로 생각하진 않았으면 좋겠어. 지금부터 새로운 친구들과 가까워지면 되는걸! 친한 친구를 사귈 시간은 충분하니까 걱정하지 않아도 돼.

우선 주변 친구들을 천천히 둘러봐. 잘 찾아보면 나랑 성격이 잘 맞을 것 같은 친구가 있을 거야. 아직 나처럼 친한 친구를 만들지 못한 친구도 있을 테고. 그 친구들에게 먼저 다가가 보는 거지.

어렵게 생각하지 말고 그냥 환한 미소로 인사부터 건네 봐. 그리고 다정하고 친절한 태도로 말을 거는 거야. 나랑 비슷한 점이 있는 친구라면 이야깃거리를 얼마든지 만들 수 있어. "같이 게임 할래?", "나랑 운동장에 가서 놀래?", "우리 도서관에 가서 책 빌리고 올래?" 등 뭔가를 함께하자고 제안해 보는 것도 좋아. 아니면 친구의 물건에 관심을 보이면서 "이거 예쁘다! 어디서 샀어?"와 같은 사소한 질문으로 대화를 시작해도 좋고.

빨리 친구를 사귀고 싶다면 내가 먼저 다가가는 게 제일 좋은 방법이 될 수 있어. 하지만 너무 부담스럽게 다가가면 친구가 불편할 수도 있으니까 자연스럽게 천천히 다가가 보자. '친구들이 거절하면 어쩌지.' 같은 고민은 안 해도 돼. 다정하고 친절한 태도로 다가간다면 누구나 관심을 가질 거야. 그러니까 내일은 자신감을 가지고 친구들과 가벼운 대화부터 시작해 봐. 가벼운 대화가 쌓여서 우정이 생기고, 그 우정이 점차 단단해질 테니까.

이렇게 생각해!

Ⓐ 다들 친한 친구가 있네. 왜 나한테는 아무도 말을 안 걸어 주지?

Ⓑ 한결아~ 안녕! 나도 그 게임 좋아하는데, 나중에 같이 할래?

자존감 한마디

용기를 내.
친구들도 내 마음을 알아줄 거야.

# 4
# 친한 친구랑 멀어지는 것 같아서
## 아쉽고 속상해요.

 오늘의 고민

작년에는 나랑 제일 친했던 친구가

올해는 다른 친구들이랑 더 친해진 것 같아요.

단짝 친구가 다른 친구들이랑

놀고 있는 모습을 보니까

괜히 친구를 빼앗긴 기분이 들어요.

단짝 친구에게 서운함과 배신감이 들기도 하고요.

# 단짝 친구에게도 나에게도
# 새로운 친구가 더 생길 수 있어.

　단짝 친구에게 새로운 친구들이 생겨서 속상했구나. 친했던 친구랑 멀어지는 느낌도 들고, 우정이 변해 버렸다는 생각에 울적하기도 했을 거야.

　조금 서운하게 들릴 수도 있겠지만, 새로운 친구가 생기는 건 누구에게나 자연스러운 일이야. 학교, 학원, 동아리, 동네 등 다양한 곳에서 친구들을 만나고 사귀면서 나와 잘 맞는 친구를 새로 발견할 수 있거든. 어쩌면 학년이 올라가면서 단짝 친구에게 매번 새로운 친구들이 생기는 것도 당연한 일이지.

　하지만 단짝 친구에게 다른 친구가 생겼다고 해서 나와 영영 멀어지는 건 아니야. 둘이 함께 쌓은 추억은 서로의 마음속에 여전히 남아 있을 테고, 앞으로도 둘만의 추억을 계속 만들 수 있어.

　나와 친구의 사이가 변한 건 아니니까 너무 서운해하지 말고, 나도 다른 친구들을 새롭게 사귀어 보는 건 어떨까? 혹시 알아? 또 나와 정말 잘 맞는 친구를 찾을 수 있을지?

물론 예전보다 단짝 친구를 자주 보지 못하면 사이가 멀어진 기분이 들고 마음이 텅 빈 것처럼 느껴지겠지만, 친구는 나만의 친구가 아니라는 걸 기억해야 해. 친구 관계는 고정된 것이 아니라 상황에 따라 변할 수도 있는 거야.

그러니까 내 단짝에게 새로운 친구가 생겼을 때 그 관계도 응원해 주는 멋진 사람이 되자! 서운함과 배신감을 느끼는 게 아니라 친구와 나에게 찾아온 새로운 관계들을 자연스럽게 받아들이는 거야.

이렇게 생각해!

Ⓐ 로이한테 친한 친구가 많이 생겼네. 나도 새로운 친구들이랑 시간을 보내 볼까?

Ⓑ 나랑 제일 친했으면서 이제는 다른 친구들이랑 더 친하게 지내네? 서운해.

자존감 한마디

새로운 친구가 생겨도 둘 사이는 변함없어.
둘의 우정은 계속될 거야.

# 친구들이 저를 미워하는 것 같아요.
## 누가 저를 싫어하는 게 무서워요.

 오늘의 고민

제 험담을 들었어요.

다른 친구들에게 피해를 주지 않았는데도요.


험담한 친구들에게 큰소리치며 따지고 싶은데

그러면 친구들이 저를 계속 미워할까 봐 걱정돼요.


괜히 자꾸만 친구들 눈치를 보게 돼요.

# 모든 사람을 만족시키는 건 불가능해. 사실 그럴 필요도 없지.

친구가 나를 험담하는 걸 듣고 기분이 좋은 사람은 없을 거야. 그렇지만 누군가의 비난에 바로 화내지는 말고 잠시 생각의 시간을 가져 보자.

우선 내 마음을 진정시키고 그 상황을 돌이켜 보는 거지. 그리고 친구에게 왜 그랬는지 당당하게 물어볼까? 나에게 잘못이 있다면 사과를 하면 되고, 오해가 있다면 풀면 돼.

그런데 별 이유 없이 나를 흉본 거라면 그 말들을 무시해도 좋아. 나에게 잘못이 없는데도 친구들이 나를 싫어할 때는 그냥 '아, 저 친구는 그렇게 생각하는구나.' 하고 넘어가 버려.

이유 없는 미움에 휘둘릴 필요가 없어. 나는 내가 제일 잘 알아. 다른 사람들은 내가 어떤 사람이고 어떤 생각과 노력을 하며 사는 사람인지 잘 모르잖아. 그러니까 다른 사람들의 의미 없는 험담이나 비난에 개의치 않아도 돼. 내가 진짜로 그런 사람이 아니라는 게 중요할 뿐이야.

사람들이 나를 미워하지 않았으면 좋겠다는 마음 때문에 내 모습을 억지로 바꾸지는 마. 그건 내가 원하는 모습이 아니잖아. 모두를 만족시킬 수 있는 사람은 세상 어디에도 없어. 미움을 받을까 봐 눈치를 보면서 나를 바꾸어도 또 그들의 평가에 휘둘리고, 다시 그 기준에 나를 맞추게 될 거야. 그럼 소중한 진짜 내 모습이 사라질지도 몰라.

오늘부터는 나를 지키는 용기를 키워 보자! 몸에 붙은 단단한 근육처럼 마음에도 단단한 근육을 만드는 거야. 마음이 튼튼해지면 다른 사람이 나를 미워하든 말든 상처를 덜 받게 되고, 조금 더 주체적인 삶을 살 수 있을 거야.

이렇게 생각해!

Ⓐ 나에 대해 잘 모르면서 나를 싫어하는구나. 그럼 나도 신경 쓰지 않을래. 난 그런 사람이 아니니까!

Ⓑ 너무 속상해. 어떻게 하면 친구들이 나를 미워하지 않을 수 있을까?

자존감 한마디

## 남들의 이유 없는 미움에 불안해 하지 마.
## 너를 좋아하는 사람들이 훨씬 많이 있어.

# 저를 함부로 대하는 친구에게
## 그러지 말라고 말하면 사이가 멀어질까요?

왜 30분이나 지났는데 안 오지? 또 까먹은 거 아니야?

헉, 열음아! 우리 오늘 만나기로 했었지?! 미안해, 까먹었어. 근데 나 지금 다른 친구들이랑 놀러 왔는데…. 우리는 다음에 보자!

아… 그래? 어쩔 수 없지. 알겠어….

다음 날

열음아! 나 풀 좀 빌려 갈게~ 고마워!

아니, 내가 허락도 안 했는데…. 다 자기 마음대로야.

# 오늘의 고민

요즘 친구에게 불쾌한 기분이 들어요.

자꾸 약속을 까먹고, 제 물건도 허락 없이 쓰거든요.

아무래도 저를 함부로 대하는 것 같아요.

화를 낼까 싶다가도 사이가 멀어질까 봐 무작정 참게 돼요.

친한 친구와 계속 잘 지내려면 제가 참는 게 맞겠죠?

# 마음이 불편하다면
# 친구와 이야기를 나누어 봐.

친하다는 이유로 종종 상대방을 배려하지 않는 친구들이 있어. 하지만 친하고 가까울수록, 나에게 소중한 사람일수록 더 예의를 지키고 신경 써야 해. 그렇지 않으면 상대방이 서운함과 불편함을 느낄 수 있거든.

물론 누구나 실수를 할 수 있으니까 몇 번은 이해해 줄 수 있어. 그런데 친구가 계속 나를 함부로 대하고, 같은 문제로 실망시킨다면 그 친구와의 관계를 진지하게 고민해 볼 필요가 있어. 이런 관계가 지속되면 결국 나는 상처받고, 지치고 말 거야.

나를 함부로 대하고 상처를 주는 친구에게는 내 기분을 정확하게 표현해야 해. 친구의 말과 행동 때문에 불쾌한 감정을 느끼고 있다는 걸 알려 주는 거지. 그래야 친구도 내 감정을 확실히 알 수 있을 거야. 이때는 감정적으로 말하지 말고, 차분하게 말하는 게 좋아. 소리를 빽 지르거나 공격적으로 말하면 내 생각을 제대로 전달할 수 없어. 싫은 건 싫다고 말하고, 친구가 앞으로 어떻게 행동했으면 좋겠다고 정확하게 알려 줘야 해.

만약 내 마음을 표현했을 때 친구가 진심으로 사과한다면 둘 사이가 다시 좋아질 수 있어. 하지만 내가 표현했음에도 친구가 여전히 나를 함부로 대한다면 그 친구와는 잠시 거리를 두는 게 좋겠어. 상대방의 호의를 당연하게 여기는 친구와는 친구 관계를 오래 유지하기 어려울 거야. 관계란 둘이 만들어 가는 거니까.

친구와 사이가 멀어질까 봐 걱정되겠지만, 이제는 솔직하게 속마음을 털어놔 봐. 너를 소중하게 여기는 친구라면 네 마음을 충분히 이해할 거야.

이렇게 생각해!

Ⓐ 휴, 이게 벌써 몇 번째야. 그래도 친구니까 내가 이해해야겠지…?

✓ Ⓑ 네가 매번 약속을 어겨서 내 마음이 불편해. 이제는 내 입장도 생각해 줘.

자존감 한마디

해야 할 말은 정확하게 하자.
그래야 내 마음을 스스로 지킬 수 있어.

# 7

# 친구들이
## 저를 따돌리는 것 같아요.

## 오늘의 고민

저랑 친한 친구들이 있었어요.

수업이 끝나면 늘 다 같이 분식집을 가곤 했죠.

그런데 언제부터인가 친구들이 저만 빼고 가는 거예요.


갑자기 저만 소외되는 것 같아서 너무 불안하고 외로워요.

다른 친구들이랑은 친하지도 않은데 어떡하죠?

같이 놀 친구도 없고 왕따가 된 것 같아요.

# 친구 관계는 변할 수도 있어.

친구들이 아무 말도 없이 거리를 두면 소외된 기분이 드는 게 당연해. 친구들의 마음을 읽을 수 있으면 참 좋을 텐데, 그럴 수 없어서 답답하지? 그럼 그냥 친구들한테 물어보자. 혼자서 고민해 봐도 답이 나오지 않거든.

용기 내서 "내가 너희한테 실수한 거 있어?"라고 물어보는 거야. 나도 모르게 친구들의 기분을 나쁘게 했을 수도 있으니까. 만약 친구들에게 실수한 게 있다면 꼬인 실처럼 엉켜버린 문제를 차근차근 풀어서 해결하면 돼.

혹시 실수한 게 아니라면 친구들한테 소외된 기분을 설명해 보자. "나도 같이 놀러 가도 될까?"라고 제안해 보는 것도 좋아. 말하지 않으면 누구도 내 마음을 알아줄 수 없어. 자기표현을 제대로 해야 친구들도 나를 이해해 줄 수 있을 거야.

하지만 내 마음을 얘기해도 친구들이 아무 이유 없이 나랑 놀기 싫다고 할 수도 있어. 그렇다면 정말 기분이 상하겠지만, 더 이상 그 친구 관계에 연연하지 않았으면 좋겠어. 반에는 다른 친구들도 많이 있잖아. 지금부터 나랑 맞는 친구를 찾아보면 돼. 이번 기회에 다른 친구들과 이야기를 나누고 시간을 보내는 거지.

아니면 혼자만의 시간을 즐겨 보는 것도 좋아. 혼자 있는 시간은 외로운 게 아니라, 나를 구체적으로 관찰하고 발전시킬 수 있는 귀한 시간이거든. 내가 해야 할 일이나 좋아하는 일을 하면서 나에게 집중할 수도 있고.

그동안 같이 놀던 친구들과 멀어졌다고 해서 축 처져 있을 필요 없어. 세상에는 나를 사랑하는 사람과 사랑해 줄 사람이 더 많다는 걸 잊지 마.

이렇게 생각해!

Ⓐ
나랑 놀기 싫다면 어쩔 수 없지. 나도 새로운 친구들이랑 함께 지내야지. 혼자 노는 것도 좋고!

Ⓑ
잘못한 것도 없는데 왜 나를 따돌리는 거야. 혼자가 된 거 같아. 우울해.

자존감 한마디

노력했지만 풀리지 않는 관계는
놓아 주어도 돼. 괜찮아.

# 친구들이 자꾸 뭔가를 같이 하자고
## 강요해서 곤란해요.

# 오늘의 고민

요즘 들어 늘 붙어 다니는 친구들이 있어요.

그런데 친구들이 모든 걸 함께 하려고 할 때

가끔은 부담스럽기도 해요.

저는 혼자 하고 싶은 것도 있거든요.


꼭 모든 걸 같이 해야지만

좋은 친구이고 친한 친구인 걸까요?

이네 선생님의
고민 상담소

# 친한 친구에게는
# 내 생각을 솔직하게 말해 봐.

친한 친구가 생기면 이것저것 함께하고 싶은 마음이 들 수 있어. 하지만 친구가 원하지 않는데도 억지로 함께하자고 요구하는 건 옳지 않아.

함께하고 싶지 않은 일이 있다면 솔직하게 거절해도 돼. 친한 친구의 제안이라는 이유로 무작정 함께하고 따라 하는 것은 나에게 좋지 않아. 내가 좋아하고 원하는 것이 무엇인지 잊게 하거든. 내 취향과 개성도 사라지게 될지 몰라.

우선 친구가 어떤 일을 함께하자고 제안할 때는 먼저 생각하는 시간을 가져 봐. 그게 나도 원하는 일인지, 나한테 좋은 일인지 고민하는 거야. 친구의 눈치를 보느라 정작 나를 고려하지 않는 건 너무 슬픈 일이잖아.

친구의 제안을 거절하는 건 나쁜 게 아니야. 그 대신 친구가 기분이 상하지 않도록 정중한 태도로 거절해야 해. 거절하는 이유도 차분하게 설명해 주는 게 좋아. 그러면 친구도 서운해 하지 않고 내 마음을 이해해 줄 거야.

진정한 친구 사이는 서로 하고 싶은 것을 이해하고 존중할 수 있는 사이야. 그래야 함께 있을 때도, 따로 있을 때도 모두 즐겁게 지낼 수 있지. 상대방이 원하지 않는데도 모든 시간을 함께하기를 바란다면 그 사람에게 부담만 줄 거야. 그럼 계속 좋은 사이를 유지할 수 없겠지?

언제나 '나 자신' 그리고 '친구 관계'에서 중심을 잘 잡으면서 좋은 우정을 유지하는 게 중요해. 그러니까 친구에게 내 생각을 솔직하게 말하는 걸 두려워하지 말고, 서로가 가진 자신만의 세계를 존중하면서 다정하게 잘 지내보자.

**이렇게 생각해!**

Ⓐ 난 요리 배우는 게 더 좋은데, 그래도 친한 친구들이니까 같이 축구를 해야겠지?

Ⓑ ✓ 나는 요리를 배우고 싶어서 요리 교실 등록하려고. 우리 수업 끝나면 만나서 놀자!

**자존감 한마디**

내가 진짜로 하고 싶은 게 뭔지 생각해 봐.
친구도 내 의견을 충분히 존중해 줄 거야.

# 친구랑 다투고 나서 사과했는데
## 사과를 받아주지 않아요.

# 오늘의 고민

친한 친구에게 상처를 줬어요.

실수였지만 제 잘못이니까 얼른 사과했어요.

그런데 친구는 화가 풀리지 않았나 봐요.

아직도 제 사과를 받아주지 않았거든요.


친구랑 계속 친하게 지내고 싶은데

어떻게 하면 좋을까요?

# 사과할 때는 구체적이고
# 정중하게 말해야 해.

사람은 누구나 다른 사람에게 실수나 잘못을 할 수 있어. 하지만 이럴 때 제대로 된 사과를 하는 사람이 있고, 그렇지 못하는 사람이 있어. 그렇다면 제대로 된 사과는 어떤 걸까?

우선 내가 잘못했다면 친구 입장에서 다시 생각해 보고 내 잘못을 깔끔하게 인정해야 해. 그리고 앞으로 그러지 않겠다고 다짐한 후에 용기 내서 친구에게 사과해야 하지.

이때는 진지하고 정중한 태도를 갖추고, 내가 무엇을 잘못했는지 정확하고 구체적으로 이야기해야 해. 그리고 다시는 같은 잘못을 반복하지 않도록 노력하는 모습도 보여야 해. 그래야 친구가 사과하는 나의 진심을 제대로 느낄 수 있을 테니 말이야.

그런데 내가 정중하게 사과했다고 해서 친구가 반드시 나를 용서해야 하는 건 아니야. 그건 그 친구의 마음이기 때문에 잘못한 사람이 이래라저래라 할 수는 없어. 내가 진심을 담아 사과했다면 친구가 용서할 때까지 기다려야 해. 친구의 용서를 기다리는 것도 사과의 과정이야.

그래도 너무 걱정하지는 마. 진심으로 사과했다면 둘 사이의 오해나 친구가 받은 마음의 상처가 어느 정도는 사라졌을 거야. 친구와 화해하는 데 시간이 얼마나 필요할지는 알 수 없지만, 화해할 가능성은 커졌을걸? 아마 그 친구와 각별한 사이였다면 친구가 느낀 배신감이나 실망감이 생각보다 컸을지도 몰라. 그럴수록 시간이 더 필요할 수 있지. 그러니까 너무 조급해하지 말고 차분히 기다려 보자.

이렇게 생각해!

Ⓐ 비밀을 말해서 미안해. 다음부터는 절대 말하지 않을게. 그리고 화 풀릴 때까지 기다릴게. 정말 미안해.

Ⓑ 내가 다 미안해. 사과했으니까 빨리 화 풀어.

자존감 한마디

잘못을 인정하다니 대단해.
진심으로 사과했다면 그 마음이 친구에게 닿을 거야.

# 좋아하는 이성 친구가 생겼어요.
## 어쩌면 좋죠?

 오늘의 고민

어떤 친구를 만나면 심장이 막 두근거려요.

아무래도 그 친구를 좋아하는 것 같아요.

이런 제 마음을 표현하고 싶긴 한데

어떻게 표현해야 할지 모르겠어요.


혹시나 고백했다가 거절당하면 어쩌죠?

이런 감정은 처음이라 머릿속이 정말 복잡해요.

# 이성 친구에게 관심이 생긴 걸
# 억지로 숨기지 않아도 돼.

누군가를 좋아하는 마음은 정말 소중한 마음이야. 혹시 그 마음을 상대에게 표현하고 싶다면 솔직하게 고백하는 것도 좋다고 생각해. 그건 내 삶의 멋진 경험이 될 테니까.

내 마음을 표현하는 일이 처음에는 어려울 수 있어. 어떻게 표현해야 할지도 고민일 테고. 그러면 우선 자연스럽게 그 친구와 가까워져 보자. 매일 반갑게 인사를 하거나, 이야기를 잘 들어 주거나, 친구의 관심사에 대해 질문해 보는 거야. 친구가 준비물을 까먹었을 때 빌려주거나 청소할 때 도와주는 것도 좋아. 그리고 점점 사이가 가까워진 다음에 내 마음을 말이나 글로 표현하면 어떨까? 이때 너무 부담스럽게 마음을 전하거나 고백을 받아달라고 강요해서는 안 돼. 그렇지 않으면 친구가 당황스러울 거야.

물론 용기 내서 고백해도 내 마음을 거절당할 수 있어. 내가 좋아한다고 해서 그 사람도 나를 좋아해야만 하는 건 아니니까. 하지만 너무 실망하지

마. 나를 한심하게 여기지도 말고. 혼자 내 마음을 숨기며 끙끙대다가 나중에 후회하는 것보다는 고백해 보는 게 훨씬 나을 거야. 내 마음에 솔직할 수 있었으니 그것만으로도 충분해. 그리고 거절당했다고 해서 친구 사이가 멀어지는 것도 아니야. 친구로 다시 잘 지낼 수 있으니 걱정하지 않아도 돼.

사실 이 모든 게 낯선 감정이라 혼란스러울 수 있어. 그럴 때는 선생님이나 부모님과 이야기를 나누어 보는 것도 좋아. 분명 나의 건강한 마음을 응원하며 도움을 주실 거야. 누군가를 좋아하는 건 아름다운 일이니까 그 소중하고 예쁜 마음을 부끄러워하거나 이상하다고 생각하지 않길 바라!

이렇게 생각해!

Ⓐ 으악, 고백했다가 거절당하면 어떡해. 그냥 내 마음을 숨길래!

Ⓑ 부담되지 않게 내 마음을 천천히 표현해 볼까?

자존감 한마디

누군가를 좋아하는 마음을 알게 되다니 멋진걸?
건강하게 잘 자라고 있다는 뜻이야!

# 친구의 잘못을 선생님께 이르면 안 되나요?
## 친구들이 고자질한다고 짜증 내요.

# 오늘의 고민

학급 규칙을 안 지킨 친구가 있어서

선생님께 바로 그 사실을 알렸어요.

그랬더니 친구가 저에게 짜증을 냈답니다.


학급 규칙을 안 지킨 건 잘못이니까

선생님께 알려야 하는 거 아닌가요?

제 행동이 잘못된 걸까요? 조금은 억울해요.

# 선생님께 이르는 것과
# 도움을 요청하는 것을 구분해야 해.

맞아, 선생님께 어떤 사실을 알리는 건 나쁜 게 아니야. 그렇지만 선생님께 이르기 전에 친구의 말을 먼저 들어 보고 한 번 더 생각해 보는 건 어떨까? 만약 친구가 실수로 규칙을 어긴 거라면 해명도 하지 못한 채 혼이 나게 되어 속상할 거야. 그리고 사소한 일도 다 선생님께 이른다면 친구들과 사이가 나빠질 수도 있고.

우선 친구와 둘이 해결할 수 있는 문제라면 친구한테 직접 말해서 문제를 해결해 보자. '준비물 잘 챙겨 오기' 규칙을 실수로 어긴 친구가 있다면 친구에게 앞으로 잘 챙기라고 얘기하고 준비물을 한 번 빌려 주는 거야.

하지만 스스로 해결할 수 없는 일이 있다면 선생님께 꼭 알려 줘. 여러 번 말했는데도 친구가 계속 규칙을 지키지 않아 누군가에게 피해를 줄 때, 누군가 괴롭힘을 당할 때, 친구들끼리 심하게 싸울 때, 누군가 위험한 상황에 처했을 때는 주저 없이 선생님께 도움을 요청해야 해.

중요한 건 이르는 것과 도움을 요청하는 것을 구분하는 거야. 스스로 해결할 수 있는 일인지, 정말 어른의 도움이 필요한 일인지 꼭 생각해 봐야 해. 친구의 잘못을 이르기 전에 잘 생각해 보고 행동한다면 '고자질쟁이'라고 오해받지도 않을 거야.

처음엔 이르는 것과 도움을 요청하는 것을 구분하기가 쉽지 않을 수 있어. 하지만 말과 행동을 하기 전에 한 번만 곰곰이 생각해 봐. 너는 분명히 슬기롭게 결정하고 문제를 잘 해결할 수 있어.

이렇게 생각해!

Ⓐ 나도 색연필을 빌려 줘야지! 그러면 우리 스스로 문제를 해결할 수 있을 거야.

Ⓑ 실수라 해도 규칙을 안 지킨 건 은찬이야. 규칙을 어기면 혼나야지!

자존감 한마디

말하기 전에 딱 한 번만 더 고민해 보자.
나와 친구, 우리 모두를 위한 길이 있어.

# 친구가 답장을 빨리 보내지 않아서 서운해요.

# 오늘의 고민

친구는 항상 톡 답장을 늦게 보내요.

어떤 날에는 온종일 답이 없기도 하고요.

전 친구에게 바로바로 답장을 해 주는데

친구는 왜 그렇지 않을까요?

저를 친한 친구로 생각하지 않는 걸까요?

너무 서운한 마음이 들어요.

# 답장의 속도가
# 애정의 크기를 나타내는 건 아니야.

스마트폰이 발전하고, 이에 따라 연락하는 게 쉽고 빨라지면서 답장에 대한 인식이 바뀐 것 같아. 상대방과 얼마나 자주, 또 빨리 연락되는지에 따라 애정의 크기를 가늠하는 경우도 생겼지. 즉 상대방의 답장 횟수와 속도를 나에 대한 애정의 정도로 생각하는 거야.

하지만 친구의 답장 횟수와 속도가 반드시 나에 대한 애정의 크기를 나타내지는 않아. 평소에 스마트폰을 자주 보지 않아서 답이 늦을 수 있고, 급한 일이 있어서 연락을 확인하지 못할 수도 있어. 늘 스마트폰 화면만 들여다볼 수는 없으니 말이야.

그러니까 친구가 나에게 답장을 늦게 하거나 답장을 보내지 않았다고 바로 서운함을 느끼진 않았으면 좋겠어. 친구가 답장을 늦게 보내거나 아예 보내지 않았을 때는 분명 이유가 있었을 거야.

아무래도 SNS를 통한 대화는 실제로 만나서 이야기를 나누는 게 아니니까 친구의 반응을 내 멋대로 생각하기 쉬워. 혼자 오해하기도 쉽고. 자꾸 불안한 마음이 들 때는 차라리 친구에게 직접 물어봐. 잘못된 오해가 생기면 안 되잖아.

만약 친구에게 당장 답장을 받아야 하거나 중요한 것을 말해야 할 때는 전화를 하는 게 좋아. 그게 아니라면 내일 직접 만나서 이야기해도 좋고.

온종일 친구의 답장을 신경 쓰며 소중한 내 기분을 나쁘게 만들지는 말자. 그냥 답장을 기다리면서 내 할 일들을 차근히 하고 있으면 돼. 내 시간도 중요하니까, 그렇지?

A 왜 답장을 안 하지? 나는 안중에도 없나 봐. 서운해.

✓ B 해솔이가 바쁜가 보다! 나도 내 할 일을 하면서 기다려야지~

**자존감 한마디**

## 혼자 지레짐작으로 판단하지 말자.
## SNS보다는 직접 나눈 대화로 친구의 마음을 읽어 봐.

# 부모님은 형만 칭찬해요.
## 저보다 형을 더 사랑하는 걸까요?

# 오늘의 고민

형은 저보다 키도 크고 공부도 잘해요.

집에서든 학교에서든 칭찬도 많이 받죠.

그런 형이 자랑스럽기도 하지만

가끔은 형과 제 모습이 비교돼서 주눅이 들기도 해요.

부모님도 형을 더 자랑스러워하고 사랑하는 거 같아서

속상하고 슬픈 기분이 들어요.

# 부모님께 칭찬받았던 때를 기억해 봐.

형만 칭찬을 받아서 속상했구나. 물론 서운한 마음이 들 수 있어. 우리는 누구나 다른 사람한테 인정받고, 칭찬받고 싶으니까. 특히 가족들에게는 더 그렇겠지?

그런데 엄마는 형과 바다를 비교한 게 아니라 그저 형의 노력을 칭찬한 거야. 잘한 일이 있을 때 칭찬받는 것은 자연스러운 일이니까. 부모님께서는 형은 형이라서, 바다는 바다라서 아끼고 사랑해서. 바다와 형은 좋아하는 것도, 잘하는 것도 다르니까 상황에 따라 칭찬받는 사람이 달라질 뿐이야.

내가 부모님께 칭찬받았던 때를 떠올려 봐. 아마 나만 칭찬받았을 때도 있을걸? 그러니까 형이 잘한 게 있을 때는 샘만 내지 말고 함께 칭찬해 주자. 그러면 형도 내가 무언가 잘했을 때 웃으면서 칭찬해 줄 거야.

혹시 형이 칭찬받는 모습을 보고 나도 더 잘하고 싶다는 생각이 들었어? 아주 좋아, 이건 긍정적인 자극이 될 거거든. 형이 수학 공부를 열심히 해서 좋은 결과를 얻은 것처럼 그림 그리기를 잘하는 바다도 부지런히 노력해서 멋진 작품을 만들어 보는 거야. 그러면 부모님께서 바다의 작품도, 바다의 노력도 모두 아낌없이 칭찬해 주시겠지?

이제 부모님이 누군가를 더 편애해서 칭찬하는 게 아니란 걸 잘 알 거야. 형은 형대로, 바다는 바다대로 인정하고 칭찬해 주시잖아. 부모님은 우리를 있는 그대로 사랑한다는 걸 잊지 마. 부모님께 우리는 너무 소중한 존재거든. 그러니까 앞으로는 형만 칭찬받았다고 해서 의기소침한 채로 있지 말고, 함께 칭찬해 주면서 가족들과 함께 오붓한 시간을 보내길 바라.

이렇게 생각해!

Ⓐ 형만 저렇게 칭찬해 주고. 나보다 형을 더 좋아하는 게 분명해.

Ⓑ 와~ 멋지다, 우리 형! 나도 그림 연습을 열심히 해서 이 작품을 멋지게 완성해야지!

자존감 한마디

## 부모님은 이유 없이 너를 사랑해.
## 사랑의 크기도 네가 생각하는 것보다 훨씬 크지!

# 엄마의 지나친 잔소리가 지겨워요.
## 꼭 저를 못 믿는 거 같아요.

이제 혼자서도 잘하는데

엄마는 아직 저를 애처럼 생각하나 봐요.

계속 이거 해라, 저거 해라 잔소리하거든요.


엄마는 왜 자꾸만

사소한 것에 간섭하고 잔소리하는 걸까요?

저를 못 믿는 게 분명해요.

# 혼자서도 잘할 수 있다는 걸 보여드리자.

　부모님들은 왜 이렇게 우리에게 잔소리하시는 걸까? 잔소리하는 게 재미있어서? 우리를 못 믿어서? 아니, 그런 건 절대 아니야. 간섭과 잔소리는 우리 아이가 잘됐으면 하는, 부모님의 걱정스러운 마음에서 시작돼. 나중에 아이가 무엇이든 혼자 알아서 할 수 있도록 도와주기 위해 여러 조언을 하시는 거지.

　사실 나를 생각하는 부모님의 따뜻한 마음을 알고 있어도 잔소리를 들으면 지겹게 느껴질 수 있어. 부모님이 나의 능력을 인정하지 않고 통제하는 듯한 기분이 드니까 말이야.

　하지만 이럴 때 부모님께 무작정 신경질을 내기보다는 대화를 통해 속마음을 전달해 보자. 무언가 스스로 해결할 힘이 생기고, 혼자서 잘 해낼 자신이 있다면 "저도 알아서 잘할 수 있어요. 옆에서 지켜보고 믿어 주세요!"라고 말해 봐. 내 생각을 차분히 솔직하게 말하면 부모님이 내 마음을 알아주실 거야.

그다음엔 스스로 잘 해내는 모습도 꾸준히 보여드리자. 내가 노력하는 모습이 어른들에게 믿음을 줄 거거든. 그럼 부모님도 "이제 진짜 혼자서 잘하네. 다 컸네."라며 예전보다 나를 더 믿고 지지해 주실 거야. 그렇게 우리는 부모님의 믿음을 바탕으로, 스스로 결정하고 행동하는 주도적인 어른으로 성장해 나가는 거지.

이제 혼자서도 뭐든 잘 해내는 독립적인 사람이 되어 가는 것 같아 선생님은 정말 뿌듯한 마음이 들어. 멋진 어른으로 성장하는 모습을 언제나 응원할게!

이렇게 생각해!

(A) 저도 혼자 잘하고 있어요. 이렇게 날씨 뉴스 보고 겉옷도 챙겼잖아요! 저를 믿어 보세요~

(B) 엄마는 저를 못 믿으시는 거예요? 저도 알아서 할 수 있어요!

자존감 한마디

**맞아, 넌 스스로 잘할 수 있어.**
**정말 자랑스러워.**

# 부모님과 의견 차이가 있을 때는
## 어떻게 해야 할까요?

# 오늘의 고민

부모님과 의견 차이가 있을 때

그냥 그 자리를 박차고 일어나게 돼요.

그런데 대화를 하지 않아서 그런지

점점 서로 오해가 쌓여 가는 게 느껴져요.

부모님과 생각이 다를 땐 어떻게 해야 할까요?

# 서로의 이야기를 들어 주고
# 중간 지점을 찾아야 해.

부모님과의 다툼이 무서워서 그 자리를 피해 버렸구나. 하지만 그렇게 피하기만 한다면 상황이 더 나빠질지도 몰라.

그럼 부모님과 의견이 다를 때는 어떻게 해야 할까? 내 의견만 무작정 고집하기? 아니면 부모님의 눈치를 봐서 시키는 대로만 하기? 둘 다 잘못된 선택이라는 걸 알 거야. 이제 스스로 생각하고 판단할 수 있는 어린이니까!

의견 차이가 있을 때는 진지하고 깊은 대화가 필요해. 어떤 일이든 한 명의 의견만 옳다고 할 수는 없어. 우리는 대화를 통해 서로를 위한 중간 지점을 찾아야 해. 배려와 존중이 필요한 거지.

우선 부모님이 우리에게 무언가 제안하셨을 때는 이유가 있었을 거야. 그러니까 먼저 그 이유를 여쭤 봐. 그리고 부모님과 내 생각의 차이는 무엇인지, 어떤 점을 받아들이고 어떤 점을 타협해야 할지 마음속으로 곰곰이 생각하고 고민해 보자.

부모님의 의견이 나랑 다르다고 해서 막무가내로 반항하듯이 싫다고 하는 게 아니라, 곰곰이 생각했던 것들을 바탕으로 내가 바라는 것, 내가 그렇게 생각하는 이유를 하나씩 차근차근 말하는 거야.

이때 부모님의 의견을 다 거부해 버리고, 무조건 내가 하고 싶은 대로만 하려는 건 안 된다는 것도 알지? 내 생각을 솔직하게 말하면서 부모님의 의견도 꼭 존중해야 해.

이렇게 부모님과 어떤 일을 함께 고민하고 깊은 대화를 통해 좋은 방법을 찾아가다 보면, 조금 더 신중하고 성숙한 어린이로 성장할 수 있을 거야.

🍀 이렇게 생각해!

Ⓐ 태권도를 먼저 배우고 싶어요.
나중에 영어 공부가 필요할 때
꼭 말씀드릴게요!

Ⓑ 왜 엄마 말을 들어야 해요?
그냥 제 마음대로 하게
해 주세요!

자존감 한마디

나와 생각이 다른 사람의 의견도 들을 줄 알아야 해.
서로 존중하면서 대화하면 최선의 방법이 보일 거야.

**지은이** 장인혜
**그린이** 김지하
**펴낸이** 정규도
**펴낸곳** (주)다락원

**초판 1쇄 발행** 2025년 1월 15일

**편집** 조선영
**디자인** 타입타이포

**다락원** 경기도 파주시 문발로 211
**내용문의** (02) 736-2031 내선 276
**구입문의** (02) 736-2031 내선 250~252
**Fax** (02) 732-2037

**출판등록** 1977년 9월 16일 제406-2008-000007호

**ISBN** 978-89-277-4813-7 (73190)

http://www.darakwon.co.kr
다락원 홈페이지를 통해 인터넷 주문을 하시면 자세한 정보와 함께 다양한 혜택을 받으실 수 있습니다.